설하꽃

설화 꽃

© 2025 보우

초판인쇄 | 2025년 9월 05일
초판발행 | 2025년 9월 10일

지 은 이 | 보 우
펴 낸 이 | 배재경
펴 낸 곳 | 도서출판 작가마을
등   록 | 제 2002-000012호
주   소 | 부산시 중구 대청로 141번길 3, 다온빌딩 501호
　　　　　 T. 051)248-4145, 2598 F. 051)248-0723
　　　　　 E. seepoet@hanmail.net

ISBN 979-11-5606-289-9 03810   정가 12,000원

※ 본 도서는 2025년 한국예술복지재단의 지원을 받았습니다.
　　 ＡＡ／ 한국예술인복지재단

설 화 꽃

보우 시조집

● 시인의 말

1992년 《시 세계》 등단 이후 33여 년,
다섯 권의 시집과 두 권의 漢詩집
장편소설 1권을
격랑의 세월 속으로 흘려보냈다.
가슴 아픈 5.18 속에서
우리 국민은 위대한 발전을 이어왔는데
오늘날 역사가 역류하는 정치사를 보면서
불안한 잠깐의 시간 마음 졸였다.
하지만 빛나는 국민들의 열린 세계관으로 극복
민주주의는 살아 있다는 희망에
전 세계가 다시 주목하는 대한민국에
안도감과 봄날의 감사함을 느낀다.

이 땅의 한 시인이 자 대한민국 국민의
한 사람으로 뿌듯하다.
'설화 꽃'은 그 추운 눈 속에서도 격랑을
이겨내듯이 꽃이 핀다.
그간의 습작을 모아 첫 시조집, '설화 꽃'을 엮는다.

이 시조집이 나오기까지 도움 주신
출판사와 제위께 감사함을 전한다.

2025년 가을
감천문화마을, 천마산 금당에서 보우 합장

차례 ⋮ 보우 시조집

시인의 말　　　　　　　　　004

1부

설화 꽃　　　　　　　　　　013
모과 열매를 보며　　　　　　014
곡우穀雨 날　　　　　　　　　015
농어를 보며　　　　　　　　　016
바다도 울음 운다　　　　　　017
찰라　　　　　　　　　　　　018
에움 길 만행　　　　　　　　019
아쉬움　　　　　　　　　　　020
봄의 향연　　　　　　　　　　021
우보友保 역驛에서 – 어느 소년이　022
해탈　　　　　　　　　　　　023
에밀레종　　　　　　　　　　024
동백꽃은 뜨겁다　　　　　　　025
자유라는 이름으로　　　　　　026
더운 날의 갈망　　　　　　　027
우리들의 가뭄　　　　　　　　028
아기 바라기　　　　　　　　　029
구멍 속에 구멍일세　　　　　　030
친구여　　　　　　　　　　　031
농부의 마음　　　　　　　　　032
나눔의 봄　　　　　　　　　　033
소나무　　　　　　　　　　　034
봄날은 영원하다　　　　　　　035
천년의 빛　　　　　　　　　　036

2부

시대적 문맹	039
태양의 그늘	040
수행의 인연	041
귀천	042
마음 치유	043
해거름	044
그분은 뵐 수 없어도	045
허수아비의 겨울	046
콩깍지	047
다선茶禪	048
송년을 맞아	049
어머니라는 이름으로	050
불일 폭포	051
백목련	052
붉은 대추	053
푸른 바다를 보며	054
비 오는 날밤	055
차[茶]의 뿌리	056
풍년	057
아침노을	058
현실	059
사랑은 뜨거운 날	060
낙엽의 자존심	061

설화꽃

차례 ⋯ 보우 시조집

3부

내 고향	065
고향 마을 – 의흥면	066
노을의 침몰	067
집착을 놓아라	068
쌍계사 가는 길	069
삼지 천 마을에서	070
영감 꿈속에서 봅니다	071
억새밭	072
벼랑에 핀 꽃	073
연락선을 보며	074
옥수수	075
아들의 슬픔	076
차[茶] 한 잔의 여유	077
어머니의 희생	078
패랭이꽃	079
호숫가에서	080
달빛 아래	081
단풍잎	082
가을 풍경	083
산사에 사는 맛	084
가을 낙엽	085
풍진세상 살며	086

4부

어머니가 그립다	089
뜬 눈이 꿈인 것을	090
일월日月	091
감천문화마을	092
봄바람의 시샘	093
송골매	094
범어사梵魚寺에서	095
봉정암 오르며	096
물고기라 치면	097
비 오는 날에	098
경주 월지에서	099
산불	100
향수의 사십 계단	101
배꽃	102
개울 물결	103
만다라曼茶羅	104
마음 챙김	105
수행修行 1	106
선 수행修行 2	107
믿음	108
텃밭에서	109
주름진 미소	110

| 해설 |
일원적 생태 시학 / 권성훈   111

설화꽃

설
화
꽃

보
우

제1부

설화 꽃

봄날은 아직 멀리 소식조차 없는데도
설산의 얼음 새 꽃 꿈틀대며 뿌리내려
흙 속엔 새순의 소리 하늘가를 나른다

어렵게 샛노란 꽃눈 부시는 만남이여
그 추운 전령으로 이 터전을 밟고 서서
이 천지 희망의 등불 높이 달려 있구나

모과 열매를 보며

돌담길 키를 넘긴 샛노란 모과 열매
갈바람 반추하며 향기를 뿜어내며
이 가을 돌부처 되어 참선하고 있구나

채그릇 가슴 품에 그 향기 안겨주면
적막한 겨울 뜰을 위하는 소리 있어
차 한잔 담은 정성의 어머니 그립다

곡우穀雨 날

차탁茶卓 위 찻잔은 찻물이 하늘 품어 안았구려
흰 구름 지나가듯 수증기는 흩어지고
다(茶)향은 허공 가득히 님의 발길 기다리며

년 연내 푸른 잎눈을 뜬 이팔청춘 젊음이여
설한의 추위 속에 여린 잎새 피우더니
기어이 곡우의 절기 나를 마중하더이다

농어를 보며

갯바위 파도 소리 소나타로 흩어지고
흐린 물 수면 아래 낚싯대 드리우자
천심을 찌로 누르며 이 하루를 낚는다

점박이 농어 새끼 건져 올린 안도 위에
마음도 열다 보니 수심은 아득하고
이 하루 걸린 석양이 흔들리고 있구나

바다도 울음 운다

먹물을 입은 바다 부딪친 아우성을
눈물을 두고 간 너 포말로 흩어진다
옛 소년 울음소리가 물새 되어 날은다

바닷물 짠 소금기 햇볕에 달군다고
언제나 집채만 한 파도를 뒤집는데
조금潮滅을 불러 세우면 저 바다도 잠든다

찰라

하얀 손 부드럽던 그 손은 어디 가고
거친 손 손등에는 검버섯 꽃이 피네
내 인생 저무는 가을 낮달 하나 떠간다

에움 길 만행

산 넘어갔던 만행 갔던 길 또 만행을
오고 간 발자취가 그 자국 그 발이고
하루해 가고 온 햇살 돌고 도는 길이다

아쉬움

청산은
변함없이
옛 모습 이건 만은

흐르는
강물 또한
명경은 맑아 있고

이 육신
청춘 봄날은
어제인가 하노라

봄의 향연

산과 들
물오르니
온 산이 푸르구나

홍매화
가지마다
여드름 돋아나고

내일쯤
붉은 매화꽃
방긋방긋 웃겠네

우보友保역驛에서
  - 어느 소년이

동지 해 기우는 역 친구를 떨쳐 놓고
아버지 손에 잡혀 먼 길에 여기 왔네
된서리 밟히는 날은 떠오르는 그 얼굴

기약은 별빛으로 이 밤을 밝히지만
포개고 또 포개어 쌓은 정 덧 쌓인다
이랑을 넘는 주름에 간절히 그립다

해탈

풍경 바람이 우는 걸까
울음에 근심마저 하늘가 풀어 놓고
가냘픈 눈을 뜬 어군魚群 넓은 바다 나가며

고해의 파도 소리 자장가 소리 같아
산사의 죽비소리 경책에 졸음 물려
한 생각 면벽 담쟁이 벽을 타고 넘는다

에밀레종

두 쌍의 비천상에 꽃구름 휘날리고
향로를 받쳐 들며 이 땅에 내려오네
당좌當座의 연잎 꽃 모양 향기로움 감추고

당목撞木이 받아치는 범종이 소리 울려
괴로운 사람에게 고통을 덜 개 하니
죄지은 지옥 영혼도 쉬어가지 잠깐은

천지의 울림 속에 자성의 목소리가
우주에 널리 퍼져 지혜 문 열고 지고
자비는 연향 꽃피울 움직임을 말하네

동백꽃은 뜨겁다

눈보라 빗살 무늬 동백꽃 피었는데
샛노란 혀를 보고 길손이 입 맞추고
푸르른 잎 반짝반짝 빛살 되어 날리며

꽃잎의 붉은 연지 햇살이 질투하고
바람에 떨군 낙화 금침을 깔았는데
이 겨울 동맥 혈관에 솟구치는 불이다

자유라는 이름으로

자유의 소중함을 그대여 아시는가
강물은 흘러흘러 굽이 쳐 흐르지만
강둑의 소용돌이는 역류하지 않는다

행진곡 눈물처럼 흐르던 호소였지
그렇게 들꽃들은 우리들 분화였어
긴 겨울 기다려지던 속울음만 들섞여

이 땅의 그 누구도 뒷걸음 원치 않을
봄날은 하루아침 이룬 것 아니었어
님들의 숭고한 희생 푸른 젊음 힘이다

더운 날의 갈망

모기가 웽웽거린 마당가 야밤에는
가족들 둘러앉아 모깃불 피운다네
무릎 위 잠자는 아이 부채 바람 일구며

하늘을 바라보니 별들도 졸고 있어
졸다가 무심결에 별똥이 지나가고
아낙의 앵두 입술에 하품 물고 날리는

이 더운 여름날엔 소낙비 간절하여
하늘 위 보름달은 달무리 감고 있어
내일은 비가 오려나 온 삭신이 쑤신다

우리들의 가뭄

계절이 뚜렷하던 이 땅의 현상들이
아열대 바람인가 피부로 느껴지고
널뛰기 계절 계절에 소낙비가 그립고

푸르던 대지에는 풀들이 시들었네
건조한 공간 속에 하늘만 바라보니
갈수록 삭막한 미풍 텃밭 정은 없었다

그 옛날 담장 넘어 부침개 넘나들던
내 이웃 아름다움 향수로 남았는데
쓰지도 못할 제물들 빈 주머니 가물다

아기 바라기

해 뜰 녘 뒷산 언덕 풀숲을 헤쳐보니
넉넉한 봄비 내려 고사리 돋았는데
만삭의 둥근 대지도 출산하는 날이네

내 어찌 너를 꺾어 한 끼를 해소하리
지난밤 내 아내도 순산을 하였다오
조막손 가지런하여 조막조막 귀엽다

구멍 속에 구멍일세

본래의 마음이란 실다움 없는 것을
기쁨도 괴로움도 그 어디 있을쏜가
모든 것 뜬구름 잡는 불덩어리 뜨겁다

우주의 사물 들은 형체는 있지마는
시간의 차이일 뿐 찰나에 사라지네
리듬의 아홉 숨구멍 통문 바람 시원타

친구여

어두운 우리 친구 본래는 맑았었지
들쑤신 망상들의 실체는 알면서도
인연에 나타난 것은 뿌리 없는 형체요

하늘의 구름 티끌 바다의 포말처럼
모였다 흩어지는 우리네 인생이지
하늘은 먹물로 입혀 바닷물도 검붉다

티끌에 집착하면 스스로 괴로운 것
마음속 집을 지어 불덩이 안고 살지
여보게 그 지옥 따로 없다는 것 알겠네

농부의 마음

천 방 길 수양버들 머리채 길어지고
윤슬에 닿은 곳에 피라미 입질하네
그 옛날 물놀이하던 모습들이 그립다

생은 늘 생각보다 비켜 선 인생이지
하늘을 바라보니 흰 구름 부러워라
손에 쥔 날 선 낫자루 허리 꺾인 아버지

이삭도 고개 숙인 논틀 길 아롱지는
낱알은 주렁주렁 몸달아 한창인데
풍년의 탈곡 소리에 볏단 누워 뒹군다

나눔의 봄

활짝 핀 꽃잎마다 허공에 향기 피워
뭇 생명 들숨 날숨 코끝을 스치고선
천지 간 나누는 마음 그 향기 덤을 얻고

산야의 볼품없는 야생의 꽃이라도
저마다 멋부리며 모두가 함께하는
이 계절 상춘 지절에 따뜻함이 고맙다

소나무

바닷가 절벽 사이 소나무 뿌리내린
푸르른 굳은 절개 초목의 군자이며
해풍에 짓이겨져도 철갑 두른 장수요

해안선 자리 지킨 한 세월 아니건만
비바람 몰아쳐도 울타리 지켜야지
연초록 솔잎 향기는 희망 날개 가꾼다

봄날은 영원하다

청룡의 마지막 달 서산의 해 기울어
어설피 부는 바람 천지가 알았을까
찬바람 속보 화면에 잠자리가 앉는다

의사당 잔디밭에 군화발 가득한데
고통 속 피운 봄날 물거품 되려는가
돌이켜 본래의 자리 돌려놓는 길이다

천년의 빛

천년의 백률도량 불연의 낙두 자리
청마루 좌우편에 문수가 화현 하니
새벽 밤 하늘가 별빛 꽃비 되어 내린다

푸르른 청죽 소리 칼바람 쓱 삭이고
속 비운 마디마디 청빈의 심성이지
억겁의 곧은 성정은 금강석이 되었네

제2부

시대적 문맹

변화된 시절 앞에 까막눈 되고 보니
고명딸 사는 집을 찾기나 하겠는가
높은 집 이름까지도 지렁이의 모습에

뙤약볕 자동차는 매연 속 달리지만
이 집이 그 집 같고 길치가 어딜 가리
여인의 내비게이션 도움받는 신세다

태양의 그늘

소싯적 기억들이 논틀 길 아롱지는
내 아비 쟁기 지고 새벽 별 길을 내면
뙤약볕 흙탕물 아래 주름이랑 흐르고

달궈진 누런 얼굴 구릿빛 황금 같은
줄줄이 엮인 식솔 이 한 몸 달려 있어
말없이 벼 이삭 비빈 어른 그늘 그립다

수행의 인연

한마음 안고 흐를 환한 눈 천년 걸음
검푸른 청대 나무 댓잎이 칼이던가
백혈이 하늘에 솟은 살신 징표 되었네

하늘땅 차별 없는 흑백의 평등 햇살
만고의 인연이란 억겁의 숙제일세
깊은 밤 꿈속 마루에 문수 화현 비춘다

※ 이 詩는 소납이 2006년 11월 경주 백률사 수행 중 인연으로 지었다. 백률사는 천년 고찰로 이곳에서 문수보살를 친견했다. 법흥왕 시대 이차돈의 백혈 이적으로 두상이 낙두한 곳이며 그래서 이차돈을 기리고 그 분의 제향을 올리는 곳이다.

귀천

이 아침 가득하게 햇살이 주단 놓고
한반도 천지 호숫물 접시 가득하니
만월의 무지개다리 밤하늘에 매였네

천마의 수레바퀴 하늘땅 오가는데
우리네 인생살이 한판 굿 따로일까
한 벌 옷 사립문 걸쳐 꽃상여에 눕는다

마음 치유

강가에 갈대숲은 새들의 둥지 되여
물소리 밤낮없이 자장가 들려주네
노을의 물빛 윤슬에 고기 떼가 모이면

강태공 낚시 장대 강물에 드리우지
세월을 낚는 재미 빈 망태 욕심 없어
서산은 석양빛 아래 누운 부처 되었다

해거름

낙동강 원류 원동 초가집 연기 피워
해걸음 뉘엿해진 바쁘던 텃새들도
제집을 찾아 들고는 하루 일과 조용 타

밥 짓는 굴뚝 연기 시장기 더 하였어
꼬르륵 배고픔을 달래려 피리 불어
떡갈잎 숲 그림자가 짙어지는 하루다

그분은 뵐 수 없어도

귀한 분
찾아갈 때
그리움이 가득하지

햇살이
반사되어
함께 가는 앞 그림자

낯 익어
바라보지만
돌고 도는 에움 길

허수아비의 겨울

겨울날
빈 들녘에
홀로 있는 허수아비

바람결
소맷자락
너덜너덜 헤어지고

새들이
날지 않아도
한결같은 파수꾼

콩깍지

그대 눈
눈빛 화살
나의 눈에 박혔어도

덧붙인
말 한마디
뼛속 깊이 사무쳐도

그 화살
가슴에 녹여
꽃이 되어 가리다

다선 茶禪

찻잔은
우주이며
잔 속의 물바다로다

그 바다
수증기는
하늘아래 구름이고

소낙비
천둥소리에
어제오늘이던가

송년을 맞아

저무는
석양 끝에
지나온 길 정리하며 내 이웃
어렵게
한 모습은 없었는지 서산의
해가 넘기 전
고개 숙여 넘는다

어머니라는 이름으로

산 산을
어머니라
불러보는 우리들은

그 속에
품어주는
생명들을 일굽니다

언제나
모든 것 베푼
우주 같은 어머니

불일 폭포

불일암 풍경소리 청학이 울림이요
일송정 솔바람이 풍경을 건드렸나
은은한 울림소리에 날아가는 파장들

절벽의 잔도 길에 솔향이 가득하여
푸른 솔가지마다 솔방울 꽃이 피며
폭포수 물기둥 소리 법음 되어 내린다

백목련

달걀을 엎어놓은 자태를 보면서도
봉오리 본 모습은 필 붓을 본 듯하네
잔인한 사월의 아픔 성숙함이 빛난다

백색의 여백 앞에 할 말을 잊은지라
꽃받침 조각 속에 여섯 잎 형상 보니
육도의 금륜이 되어 원상으로 구른다

붉은 대추

옛말에 거친 나무 안뜰에 심지 않고
대문 밖 좌우편에 나무를 심었다네
가지엔 가시가 달려 파수꾼 세워놓지

여린 꽃 세 번 피워 푸르게 열매 맺는
가실에 붉게 익어 불타는 태양 같지
종국엔 제상에 올라 왕이 되어 있었다

푸른 바다를 보며

해풍에 머릿결이 휘날린 바닷가에
물결이 넘실이면 윤슬이 비늘 같고
새들은 날개를 펴고 시장통을 날은다

소금기 간간하여 먹이로 충분하지
한순간 날개 접어 숭어를 낚아채고
날개를 털고 흔들며 날갯짓의 몸부림

눈앞에 부딪치는 현실의 불안감 속
가슴을 찌르는 듯 아픔이 먹물 되어
석가가 생사 일대사 방파제를 넘는다

비 오는 날밤

대숲이 추절 추절 빗물이 젖는다
마루 밑 귀뚜라미 애달픈 화음 소리
이렇게 이, 년이 지나 새해 맞이하는가

야밤에 빗소리는 깊어져 소란 쓰려
귀뚜리 귀뚤귀뚤 울음이 처량하네
이 밤을 지새고 나면 머릿결이 하얗다

차[茶]의 뿌리

초의의
초당에는
녹향 가득 향기로세

푸른 잎
차 나무는
추운 겨울 견뎌왔네

곡우의
가냘픈 잎새
천년 세월 길이다

풍년

대추가
붉게 익어
추석 명절 멀지 않고

벼 이삭
익어가면
찬바람이 느껴지니

농로農老의
주름 이랑에
풍년의 땀 영근다

아침노을

일출의
창밖에는
붉은 노을 펼쳐있고

드린 것
없는데도
꽃단장을 하시고선

이 아침
장미 다발로
프로포즈 합니다

현실

보릿대
입에 물고
보리피리 나팔소리

거미줄
길목마다
뜀박질이 아롱지던

아이들
웃음소리가
고샅길이 그립다

사랑은 뜨거운 날

내 진정
그대만을
불꽃처럼 사랑하리

치자꽃
향기 날린
여름날도 뜨겁지만

사랑은
여름보다도
더 뜨거운 날이다

낙엽의 자존심

가을도
언덕길은
숨이 차는 가슴이지

햇살에
말린 낙엽
해바라기 되어가고

바람에
바스락이는
마지막의 소리다

설
화
꽃
보
우

제3부

내 고향

선암산
기슭 아래
위천은 거울 같고

서원은
대궐처럼
선비의 햇볕이라

붕전鵬田은
선대 고경수
이타행이 빛난다

고향 마을
　　-의홍면

선암산 기슭 아래 위천은 거울 같고
서원은 대궐처럼 선비의 햇볕이라
선대의 붕전鵬田선생 이타행 자비로워

오늘의 이와 같이 고향이 보존되고
이 분의 넓은 마음 빈민을 규휼 하니
강점기 홍수에 겨워 사재로 둑을 쌓아

물속에 침수 위기 옥토로 일구었네
고향민 길이길이 공덕이 아닐손가
후세대 지난 기억들 가슴 깊이 새긴다

노을의 침몰

기러기
날아가는
서산의 하늘가는

석양의
붉은 미소
산 그림 내려놓고

태산이
높다 하여도
칠야삼경漆夜三更 잠겼다

집착을 놓아라

흐르는 물살 두 번 발 담글 수 없는
한 벌 옷 이와 같은 처지임을 알아차려
집착은 집착을 낳고 그 집착에 무너진다

거울 앞 비친 모습 자신이 아닌 것을
천지의 사물 또한 모든 것이 변할진대
만 리 밖 뜬구름 소식 잡으려고 헤멘다

세월은 오는 것도 간 것도 아닌 것을
연꽃은 뻘물 밭의 진흙에 피어나듯
인생도 삶의 고통도 피기 위한 꽃이다

쌍계사 가는 길

화개천 계곡에는 벚꽃이 만개하지
동천은 맑은 물결 버들치 비상하고
지리산 첩첩 산정에 꽃향기가 가득 타

섬진강 산 그리메 다슬기 입산하고
석양의 금빛 윤슬 미로가 되어 있어
이 밤의 달빛 원상에 함께이고 싶구나

삼지 천 마을에서

삼지 천 홍매화는 가지에 숯불 달고
봄바람 불씨 세워 길손에 불 밝히네
돌담길 엉킨 담쟁이 청춘으로 반긴다

고택의 사랑채는 옛 주인 기다리며
문풍지 팔랑팔랑 바람만 들고나네
그 옛날 잉걸불 불씨 사랑만큼 뜨겁다

영감 꿈속에서 봅니다

소한은 어제인데 겨울은 깊어가고
어머님 감기 기운 지난밤 설치신 몸
병수발 붉은 대추차 한 잔 끓여 올린다

두 손에 받쳐 들고 맛있게 드시면서
아가야 어젯밤에 아버지 오셨더라
깨끗한 적삼 한 벌을 손에 들고 있었다

억새밭

사자평
낙조 자락
곤룡포를 걸쳤구나

석양의
갈바람에
억새꽃이 춤을 추니

늦가을
황혼의 금빛
눈이 부신 으악새

벼랑에 핀 꽃

인수봉 시린 가슴 애달프게 품었지만
벼랑 꽃 되고 보니 한 뼘의 자리였지
그래도 이슬 한 방울 하늘 호수 넘치고

햇살에 마디 세워 풍광을 그려보니
만월 속 은하수는 눈앞에 놀고 있어
새벽닭 우는소리에 삽살개도 짓는다

연락선을 보며

살아도 죽었어도 세태는 무심하지
시대를 휘감았던 유행의 반감인가
수선水仙과 수산水山의 사랑 치자 꽃의 눈물 속

현해탄 깊은 바다 포말도 겹쳐지고
먹물을 먹음은 듯 바다 위 사랑 앞에
청춘은 짧은 생애를 시린 물속 접었다

※ 수선水仙과 수산水山은 윤심덕, 김우진의 호이다. 1926년 8월 4일 현해탄의 격랑 속에 두 청춘 남녀는 정사情死라는 기록을 남긴다.

옥수수

옥수수 긴 잎사귀 하나둘 어깨 처져
하늘의 하루해는 산 넘어가는군요
큰 키에 굽이 높아서 갈바람에 흔들려

일출의 머리맡에 뜬겨 날 머릿결이
그대의 붉은 긴 숱 우수수 뽑혀 지면
알알이 생명들까지 온몸 던져 눕는다

아들의 슬픔

청명한 하늘 아래 선산을 오르면서
풍진의 세월 속에 발걸음 더디 가고
산 그늘 가파른 언덕 무덤 앞에 할미꽃

생전의 굽은 허리 저리도 닮음이라
으악새 뿌리 뻗듯 숨 다해 용을 쓰고
자줏빛 옷고름 자락 눈물 찍던 어머니

할 말은 천지 간에 억장이 걸렸지만
불러도 대답 없는 마침표 상석 앞에
임종을 지키지 못한 불효자는 웁니다

차[茶] 한 잔의 여유

푸른 잎 새순 따다 멍석에 널어놓고
햇살이 쌈을 싸듯 푸른 잎 한 줌이라
겨우내 건너온 찻잎 만파 장에 숨 쉰다

석간수 졸졸 받아 다관에 합수하니
아홉 번 덖은 깊이 달인 차 봄날이라
곡우 차 우린 향기가 골바람에 풍긴다

어머니의 희생

겸상은 별을 따듯 높기로 한이 없고
사랑채 물린 밥상 누룽지 호강일까
평생을 쉴 줄 모르는 허리 굽은 어머니

손가락 마디마디 관절염 벼슬인 양
옷장의 다홍치마 엊그제 같았는데
문갑 위 물그릇 속 틀니 하나 울었다

패랭이꽃

있는 듯 없는 듯이 여리게 마주하는
어여쁜 그 모습은 만월을 뚫었어라
초야에 가실바람이 흔들어도 좋건만

대나무 절개인 양 석죽화石竹花 피어 있어
꽃 피면 아리따운 자태를 뽐내면서
이 가을 못 견딘 대도 꺾이지는 않는다

호숫가에서

호숫가 맑은 물을 앉아서 바라보니
수면에 비친 하늘 흰 구름 떠가는데
바람이 시샘을 하듯 여울이랑 만든다

뒹굴던 낙엽 한 잎 물 위에 띄워보니
바람이 슬쩍 치고 파랑에 흔들리는
한 세상 살다 가는 일 다 그런 것 같구나

달빛 아래

임경대臨鏡臺 정자 위에 보름달 밝아 있어
은가루 금가루를 뿌린 듯 반짝이고
한반도 닮은 물줄기 천칠백 리 비추네

달님은 알았을까 갈라진 푸른 봄을
고운孤雲은 아시리오 한 많은 낙동강을
하늘 땅 산천이 울어 온 나라가 슬프다

단풍잎

봄날에
따스한 볕
연초록 어제인데

손바닥
내밀고는
서리에 낙엽되어

붉은 잎
주어 들고서
내려놓지 못한다

가을 풍경

기러기 무리 지어 편대로 날아간다
아래로 태봉들이 구름 위 앉아있고
산과 강 호수도 많아 어디일까 저 아래

후난성 어귀 일쯤 생각만 아련하다
산 높고 물 맑으니 가실에 돌아가지
대숲에 쓸쓸한 소리 세상만사 시리다

산사에 사는 맛

출가의 산중 생활 행자 복 어제인데
자신을 등불 삼아 스승은 일러주네
밭뙈기 일구어 가며 한 소식을 일러라

새벽 별 머리이고 도량석 돌려치면
대숲은 두런두런 궁리를 하는 소리
가끔씩 외롭기로는 누운 산과 닮았다

가을 낙엽

새벽길 떠나는데 추위가 안겨 온다
어디로 가야 하나 갈림길 서성이며
잎 말린 시든 낙엽만 어지러이 날은다

길이란 수많은 길 로마로 통하지만
미로의 거미줄에 헤매다 지친 육신
종국엔 흙에서 와서 흙이 되어 간다네

풍진세상 살며

나의 벗 알았을까 입방아 찍은 것을
한 마디 수군거린 그 사람 못쓸 사람
바른말 위로 삼아서 풍진세상 가련들

손으로 하늘빛을 가릴 수 있으리오
긴 세월 백 리 길을 한걸음 달렸듯이
짧은 혀 석 자 원성을 온몸으로 받는다

제4부

어머니가 그립다

토굴 속 지난겨울 추웠다 봄날인데
한기는 뼛속까지 시리고 아려오며
마음속 엉킨 추위는 좀체 녹지 않는다

고죽古竹의 옷걸이에 누비옷 끌어 내려
바닥에 널어놓고 해진 곳 깁어 보니
늘그막 바늘귀 실눈 어머니가 보인다

뜬 눈이 꿈인 것을

석양이 아름다워 발걸음 재촉 못해
저 멀리 걸친 마을 이 느낌 아까워서
귀뚜리 울음소리에 빨판 구름 흩어져

날 위해 쓸어주는 바람의 배려일까
가는 길 빈 주머니 한 푼이 아까우리
귓가에 이명 소리가 풀피리로 들린다

일월日月

일월이
높이 떴고
바다는 깊고 깊다

하루해
잠겨지는
석양이 물드는데

닫힐 듯
열리는 하늘
초승달이 돋는다

감천문화마을

골목길 미로 되어 어깨를 걸친 모양
선사 대 아로새긴 마을을 이루었네
거미줄 이슬방울의 보석들을 품고서

골판지 지붕 아래 사랑이 정이 들어
백의 복 단일 색을 입었던 신앙인들
저마다 문표를 달고 살아가기 바쁘다

사립문 담장 없이 골목길 서로 걸쳐
출입문 마주 보고 타 외지 사는 마을
태극도 본부 정각에 도주님이 계신다

대나무 숲길에는 새들이 둥지 짓고
계단 길 노인들은 구부정 오르는데
한 많은 대동강 아를 흥얼 하며 가신다

봄바람의 시샘

매화꽃 웃음 웃고 이 가지 저 가지에
따스한 햇살 받아 감춰진 시샘 바람
꼬 무리 조막손처럼 꽉 잡은 듯 미소로

새롭게 비쳐 지는 세상은 어떠할지
꽃들의 미련 함에 못 버린 숨바꼭질
꽃들도 개구리처럼 눈을 뜨는 꽃이다

송골매

물가의 바위 언덕 송골매 앉아있다
눈 밝은 시력으로 토끼가 눈에 띄면
반동의 솟구침으로 화살처럼 잡는다

배고픈 먹이사슬 저들도 먹고 살아
생존의 본능 속에 이세를 부양하고
물 바위 양면성으로 주린 배를 채운다

범어사梵魚寺에서

범어사 천년 도량 새벽녘 법고 운다
까치가 장단 맞춰 깍 깍 깍 소리 짓고
도량의 어둑 새벽에 맑은 기운 솟는다

석간수 흘러드는 찬물에 양치하고
차가운 이빨 시린 정신이 번쩍 드네
대웅전 예불 소리에 두 손 합장 모인다

봉정암 오르며

설악산 올라보면 가는 길 힘들지만
가다가 앉았다가 쉬는 것 기도이며
계곡의 폭포 소리가 흐르는 땀 식힌다

봉정암 깔딱고개 올라서 둘러보면
첩첩이 파도처럼 넘실댄 물비늘을
산산의 연봉 모두가 하나 같이 앉았다

사리탑 오층 석탑 자장慈藏이 세웠더라
바위가 부처님의 자태를 갖춘 것을
봉황이 부처님 이마 사라진 것 전하네

물고기라 치면

물고기 절집에도 물고기 많은 것을
시냇물 흐른 물결 고기도 있겠지만
우주의 생물 생물은 모두가 고기다

처마에 달려 있는 풍경의 고기하고
법당 안 목탁들도 눈을 뜬 고긴지라
종각의 속 비운 목어 매달린 것 고기지

이 모두 고해 바다 헤엄친 고긴 것을
여실히 생사고해 오가며 하여봐도
모두가 부처님 손에 들어 왔어 산다네

비 오는 날에

찬바람 불어오매 절집을 찾았더니
낙엽 위 떨어지는 빗소리 처량하여
하늘에 두 손 벌린 숲 먹구름이 가득 타

발길은 법당 앞을 향하고 합장하며
향로는 향을 피워 향 연기 용천 하니
승려가 앉아 속마음 비워두고 가란다

경주 월지에서

잔잔한 수면 위에 연꽃이 피어났다
연잎의 이슬방울 하늘을 담았구나
개구리 튀어 올라서 초록 좌 복 앉는다

연대가 승천하니 하나둘 꽃봉오리
고개를 들었다가 수면을 바라보며
어여쁜 월지 연꽃밭 무리 속에 묻혔다

낮에는 피었다가 밤에는 오므리는
문 열고 문 닫는 걸 수행의 알아차림
구품의 연대 숨구멍 해탈 열반 가깝다

※ 여기(구품이란) 연꽃 연밥에 구멍이 아홉 개가 있다. 정확히 열 개의 구멍이 있는데, 사람의 생리현상 숨구멍과 일치한다.

산불

하나의 불씨 날아 온 산을 불태웠어
잠깐의 부주의가 모든 것 재가 되어
온 나라 국민들 마음 조여들게 하였다

천년의 보물들도 화마에 소실되어
할 말을 잊은 채로 불길 속 당하였네
바라만 보아야 하는 안타까운 마음에

메마른 산천초목 봄날의 새순들도
불 머리가지마다 달린 채 사라졌어
화선과 사투하면서 쓰러져간 분들이

연기 속 불꽃들이 휘말린 산속에서
매캐한 연무 속에 숨 들은 쉬었을까
곳곳에 퍼진 화마들 우리 마음 태웠다

향수의 사십 계단

뱃고동 소리 울린 항구의 아침이여
일출이 창문 여는 수평선 문턱 넘어
한 많은 대동강 아를 불러보는 나그네

비 오나 눈이 오나 해풍이 마주하는
수많은 세월 앞에 자리한 사십 계단
옛 시절 향수에 젖어 한발 두발 오른다

해 질 녘 층층 계단 문화의 향수되어
낭만의 아코디언 바람통 휘어잡고
가는 이 오는 사람들 오늘 내일 울린다

배꽃

산허리 휘어 감고 땀방울 심어놓고
가꿔온 산 배나무 하얗게 눈 내린 듯
푸른 산 산들바람에 배꽃 송이 날리니

어쩌다 잎 한 조각 거미줄 걸쳐지면
거미는 나방인 듯 달려와 잡는구나
새하얀 꽃잎 하나둘 꿈 피우고 떠난다

개울 물결

산골짝 개울 물은 밖으로 가고 싶어
졸졸졸 흐르다가 냇가를 만났었지
궁금한 강을 그리며 귀를 세워 듣는다

돌 이빨 첩첩하게 세워진 난관들이
지나는 길목마다 부딪힌 하얀 물결
강 지나 넓은 바다의 바깥세상 품으며

저마다 자연 속의 흐름도 여여如如하고
생의 길 고비마다 힘들게 오르내려
우리네 인생살이도 이와 같은 이치다

만다라 曼茶羅

구품의 연꽃들은 진흙 속 승천하지
생명 줄 연대 구멍 갖춰진 형상이여
인류의 삶에 숨구멍 이와 같은 이치다

눈을 떠 눈 감아도 항상 한 갖춤인데
세상 밖 망상되어 영원히 볼 수 없지
내 머문 앉은 자리에 주인공이 아닌가

고해苦海의 하늘아래 꽃중에 꽃이라면
마음속 씨앗 갖춘 불성佛性의 인人 꽃이네
연꽃이 피어오르듯 만다라가 피었다

※ 만다라 꽃은 연꽃蓮花을 상징으로 가리킨다. 그것을 더 깊이 들어가면 부처를 이룬 곳 사람이 만다라다.

마음 챙김

비워진 빈 깡통은 소리가 날 수 없고
채워진 깡통 역시 울림이 없는 것을
무언가 조금 채우면 소리소리 울리지

이웃의 노여움과 인색함 떠난 사람
서로의 옳고 그름 분별심 벗어 난 분
세상사 개의치 않는 그런 사람 빛나지

마음의 평안보다 행복한 일상 없고
어렵고 미묘한 것 지혜를 갖춘 것은
심성을 잘 다스리면 안락함을 얻는다

수행修行 1

번뇌煩惱를 벗어남은 예삿일 아닌 것을
본래 끈 놓지 않음 단단히 힘을 쓰고
한차례 매서운 추위 사무치지 않으면

뼛속에 아려오는 한기는 봄날에도
쉽사리 가시지는 않음을 알겠어라
면벽의 설한 눈보라 온 육신이 굳어져

정신의 감각이야 우주를 감았어도
한 껍질 무감각에 속절俗節한 고통 없음
내 어찌 봄날 찌르는 매화 향기 맡으리

선 수행修行 2

얼굴에 성냄 불꽃 없으면 좋으련만
내 말이 화살처럼 꽂히지 않았으면
가슴속 불덩이 없음 참다움의 보배요

스승은 일러주되 밥들은 잘 먹었고
법거량法擧量 한량없이 그 깊이 가늠 없어
물듦과 때가 없으면 항상恒常 하는 빛이다

믿음

이 세상 으뜸가는 재물은 믿음이며
덕행을 쌓게 되면 행복이 걸어온다
진실한 최상의 생활 지혜로움 가득 타

사람은 믿음으로 언덕을 건너서고
괴로움 뛰어넘는 항상恒常 된 문을 열면
참으로 가장 편안한 안락함을 낳는다

텃밭에서

따스한 훈기들이 문턱을 넘는구나
봄바람 가슴 안고 호미를 손에 들고
밭고랑 이랑사이에 땅심 들을 일으켜

얼었던 마음들을 햇살에 다독이면
흙 속에 숨어있던 지렁이 꿈틀 이네
어느새 새들이 왔어 표적으로 삼는데

조용히 흙을 덮어 숨겨준 텃밭 주인
모른 체 뒷짐 지고 이랑을 건너는데
새들은 밭에 내려와 이리저리 찾는다

주름진 미소

불연佛緣에 인연因緣 지어 얼마나 많은 이에
웃음꽃 피웠을지 가늠이 안되지만
산천을 만행萬行하여도 기억들이 가물 타

어느 날 청마루에 거울을 바라보니
나이 든 낯선 사람 주름진 괴물 있어
자세히 바라보는데 나의 얼굴이었네

그 뒤로 손바닥에 미소를 그려놓고
손바닥 볼 때마다 웃으며 바라보니
내 얼굴 늙어 가지만 웃음꽃을 피운다

시집
해설

일원적 생태 시학

권성훈
(문학평론가, 경기대 교수)

일원적 생태 시학

권성훈
(문학평론가, 경기대 교수)

찻잔은

우주이며

잔 속의 물바다로다

— 「다선茶禪」 전문

1.

모든 존재는 개체로서 우주 만물과 상호의존적이다. 서로가 유기적으로 인과관계를 맺는 생태적 존재로서 개체들은 누구나 평등하다. 또한 상호적으로 관련성을 가진 개체는 우주 안에서 고립된 존재가 없으며 시간적인 차원에서 서로의 참여 속에 있다. 그 시간 동안 자아는 타자와 섞여 세계를 이루면서 수명을 다하면 다시 우주로 흩어진다. 마치 "찻잔은 찻물이 하늘 품어 안았구려/흰 구름 지나가듯 수증기는 흩어지"(『곡우穀雨 날』)는 연기론적 사유처럼. 우주는 무수한 개체들을 담고 있는 거대한 그릇이며 모든 존재가 우주의 분신으로 존재한다는 것을 말해준다. 한잔의 찻잔에 담겨 있는 우주적 개체들은 생태학적 관점에서 서로 뒤얽힌 유기체로서 세계를 이룬다. 불교에서는 이를 '세계와 자아가 하나로 통한다'는 범아일여(梵我一如)라는 의미로 "나 아닌 것이 없다"는 전체성에서 기인한다.

  자연과 인간은 평등한 관계에 놓여 "오고 간 발자취가 그 자국 그 발이고/하루해 가고 온 햇살 돌고 도는 길"(『에움 길 만행』)은 불교적 생태를 보여준다. 개체들의 모든 '발자취가 햇살처럼 돌고 도는' 연기론을 현시하면서 만물은 타자와의 관계에 의해서 생겨난다는 것이다. 이런 본질적인 차원에서 자연과 인간이 하나의 원리로서 인간은 자연과 단일체로 존재한다. 그 내부를 들여다보면 "포개고 또 포개어 쌓은 정 덧 쌓인"(『우보友保역驛에서』)것 같이 생태는 연속적인 것으로 연기론에 기반하고 있다는 사실이다. 그럴수록 말할 수 없는 겹들이 쌓여 서로가 서로를 반영하는 세계는 부분으로 전체를, 전체를 통해 부분을 통찰할 수 있게 된다. 그 안에서 세계를 생태적 일원성으로 파악하는 시편은 "천지의 울림 속에 자성의 목소리"(『에밀레종』)를 언어로 현시하며 거기에 "우주에 널리 퍼져 지혜 문 열고 지고" 나아간다. 어디에나 있는 '지혜의 문'은 어디에도 없지만 불변하는 본성으로서의 '자성의 목소리'를 듣는 자만이 그 문을 통과할 수 있다.

이 같은 문을 보여주는 보우 시인은 1992년《시 세계》를 통해 등단한 이후 33여 년 동안 시집으로『그 산의 나라』,『목어는 새벽을 깨우네』,『눈 없는 목동이 소를 몰다』,『화살이 꽃이 되어』와 한시집『감천에서 매창을 보네』,『무명초는 뿌리가 없다』와 소설집『영혼의 바람』 등 8권의 저서를 출간했다. 거기서 그의 운문과 산문작품에 대한 세계관을 주제적인 측면과 소재적인 측면으로 나눌 수 있다. 먼저 주제적인 측면에서 역사, 시대, 종교라는 세 가지 담론을 통해 민족의 발전과 국민의 희망을 발견할 수 있다. 또한 소재적인 측면에서 '인연'의 소중함을 통해 용서와 화해를 통한 치유의 시학을 견인하고 있다.

 이번 보우 시인의 시조집『설화 꽃』은 불교와 생태에 대한 상호작용을 통해 존재의 이치를 밝히는 데 쓰인다. 시조라는 형식에 주입된 존재와의 관계를 생태적으로 복원하면서 연기론적 사유를 담아내고 있다. 이것이 있음으로 저것이 있고 이것이 일어남으로 저것이 일어나는 것처럼 "생은 늘 생각보다 비켜 선 인생"(『농부의 마음』)일 수 밖에 없다. 예측할 수 없는 생태적 존재 원리를 파고들면서 끊임없이 실체는 없다는 사실을 증거하고 있다. 이같이 자연에서 연기하는 존재는 "하늘땅 차별 없는 흑백의 평등 햇살"(『수행의 인연』)같이 삶을 비추면서 "만고의 인연이란 억겁의 숙제" 풀 듯이 모든 물질과 에너지들이 인연으로 만났다가 사라진다. 그것은 시절 인연으로 통하며 가시적이고, 비가시적으로 혹은 직접적이고, 간접적으로 인과론에 의해 섞여 있는 유기체일 뿐이다.

> 본래의 마음이란 실다움 없는 것을
> 기쁨도 괴로움도 그 어디 있을쏜가
> 모든 것 뜬구름 잡는 불덩어리 뜨겁다
>
> 우주의 사물 들은 형체는 있지마는
> 시간의 차이일뿐 찰나에 사라지네
> 리듬의 아홉 숨구멍 통문 바람 시원타
> ─「구멍 속에 구멍일세」 전문

"본래의 마음이란" 비가시적인 것으로 원래 그 실체가 드러나지 않는다. 그 마음은 공간에서 '구멍 속 구멍'과 같이 아무것도 없지만, 인과에 의해서 잠시 나타났다가 사라지기 마련이다. 나란 존재가 없다는 '무아無我'와 같이 자신이 없는데 "기쁨도 괴로움도 그 어디 있을쏜가/모든 것 뜬구름 잡는" 것으로 마음을 파악한다. 다만 "우주의 사물 들은 형체는 있지마는" 서로가 한 시절 인연에 의해 조응하는 것으로 "시간의 차이"라는 '찰나'로 현시될 뿐이다.

이런 인연은 생태학적으로 구규九竅로서 하나의 입구멍, 두 개의 눈구멍, 두 개의 콧구멍, 두 개의 귀구멍, 똥구멍, 오줌구멍 등의 있으므로 기능할 수 있다. 바로 아홉 방향으로 열려 생명으로 통하는 "아홉 숨구멍 통문 바람"이 일정한 '리듬'을 형성하고 있으므로 생명성을 가지게 된다. 보이지 않는 리듬이 구멍을 통해서 통하는 것처럼 생명은 실체가 없는 구멍인 '구규'로 구성되어 있다는 사실을 암시한다. 물론 '연꽃'이 항상 피어있지 않고 "낮에는 피었다가 밤에는 오므리는"(『경주 월지에서』) 것이 "문 열고 문 닫는 걸 수행의 알아차림"인 것처럼. 분명 구규의 '숨구멍'은 과거에 대한 '해탈'이자 어제에 대한 '열반'을 발견하게 해준다.

2.

보우 시에서 리듬은 시조 형식과 같이 일정한 반복과 재생을 통해 생명들의 탄생을 보여주기도 한다. 이 탄생은 홀로 이루어내는 것이 아니라 개체들이 만들어 내는 리듬을 통해 현전된다. 거기서 연기하는 시의식은 다원론을 거치면서 일원론로 수렴된다. "해 뜰 녘 뒷산 언덕 풀숲을 헤쳐보니"(『아기 바라기』) 그 속에 "넉넉한 봄비 내려 고사리 돋았는데" 이 고사리의 탄생은 '해'와 '산' '풀숲' 그리고 '봄비'가 생태적으로 합생하면서 생겨난 생명이다. 생태적 작용으로 생겨난 생명의 근원은 개체들의 인연에 의한 것으로 파생된다. 그것은 새로운 생명이 발아하는 원인이 되며 출현하는 결과로 이어진다. 요컨대 "만삭의 둥근 대지도 출산하는 날"이 되는 것으로 모든 개체는 독립적으로 탄생할 수 없으며 이러한 인과에 의해서 구성된다는 것이다.

이처럼 모든 개체의 생성과 구성은 구멍과 같이 실체가 없지만 모든 존재가 일론적으로 연결된 인과론에서 발생된다. 이번 시집 전체를 구성하는 그의 시조는 3장이라는 다원 형식을 통과함으로써 일원적인 의미를 완성하는 데 있다. 이른바 두 개 이상의 다른 개체들이 공존하면서 '연기적 생명력'을 부여하는 데 쓰인다. 이것은 생태학에서 전위와 혼합의 '자연적 연결망'으로서 '리좀rhizome'을 형성하고 있다. 들뢰즈와 카타리에 의해 제기된 리좀rhizome은 땅속줄기라는 의미로 세계를 구성하는 수많은 다양태로서 존재한다. 모든 개체들은 대지라는 고원과 하나로 연결된 리좀으로 "나무나 나무뿌리와 달리 자신의 어떤 지점에서든 다른 지점과 접속한다. 리좀의 특질은 각각이 반드시 자신의 동일한 본성을 가진 특질들과 연결 접속되는 것은 아니다. 리좀은 아주 상이한 기호 체제들 심지어는 비—기호들의 상태들을 작동시킨다. 리좀은 '하나'로도 '여럿'으로도 환원될 수 없다."[1] 하나로 연결되어 있지만 하나로도 여럿으로도 분리할 수 없는 리좀은 그 자체가 여럿으로 구성된 하나를 의미한다.

활짝 핀 꽃잎마다 허공에 향기 피워
뭇 생명 들숨 날숨 코끝을 스치고선

---

1) 질 들뢰즈, 펠릭스 가타리, 『천개의 고원』, 새물결, 2021, 46~47쪽.

천지 간 나누는 마음 그 향기 덤을 얻고

산야의 볼품없는 야생의 꽃이라도
저마다 멋부리며 모두가 함께하는
이 계절 상춘 지절에 따뜻함이 고맙다

- 「나눔의 봄」 전문

물고기 절집에도 물고기 많은 것을
시냇물 흐른 물결 고기도 있겠지만
우주의 생물 생물은 모두가 고기다

처마에 달려 있는 풍경의 고기하고
법당 안 목탁들도 눈을 뜬 고긴지라
종각의 속 비운 목어 매달린 것 고기지

이 모두 고해 바다 헤엄친 고긴 것을
여실히 생사고해 오가며 하여봐도
모두가 부처님 손에 들어 왔어 산다네

- 「물고기라 치면」 전문

 자연을 소재로 하는 위 두 편의 연시조는 생태적으로 연결된 개체들을 통해 존재의 본성을 일원론적으로 드러낸다. 2수로 된 「나눔의 봄」은 첫수 초장과 중장에서 "활짝 핀 꽃잎마다 허공에 향기 피워" 올린 봄의 정경을 "뭇 생명 들숨 날숨 코끝을 스치고" 있다고 한다. 꽃의 향기가 원인이 되어 지나가는 화자가 후각적으로 느끼는 것은 서로의 인과에서 기인한 결과가 된다. 여기서 인과는 꽃과 사람의 인연이며 꽃과 사람은 개체가 다른 서로의 연결이라는 점에서 리좀이 된다. 실체가 없는 향기를 맡고 있는, 화자는 이 향기를 통해 꽃을 지각하는데 꽃이 피기까지 하늘과 대지 사이에서 시간을 통과한 결과가 원인이 된 것을, 의미한다. 이에 종장에서 꽃에는 "천지 간 나누는 마음"이 '향기'로 남아 있다는 것이다. 2수에서는 "산야의 볼품없는 야생의 꽃이라도" 생태를 이루는 생명은 "저마다 멋부리며 모두가 함께하는" 인연으로서 리좀을 형성한다.

 3수로 된「물고기라 치면」에서는 첫수 초장에서 "물고기 절집에도 물고기 많은 것을" 통해 물에서 사는 물고기를 사찰 허공에 달린 물고기와 동일시하고 있다. 사찰의 물고기 풍경은 항상 눈을 뜨고 있는 물에서 사는 물고기처럼 잠들지 말고 수행에 정진하라는 만행을 담고 있다. 그럼으로써 생명이 없는 물고기 풍경이 생명이 있는 존재들을 가르치고 있다. 게다가 서로 다른 개체라는 점에서 "우주의 생물 생물은 모두가 고기다"라는 리좀으로 연결시키고 있다. 그의 일원론적 리좀은 2수에서 '풍경' '목탁' '종각' 등이 전위와 혼합된 고기로 생태화되고 있으며, 3수에서는 "이 모두 고해 바다 헤엄친 고긴 것을" 통해 생태적 연결망을 일원화시키고 있다.

3.
　　어두운 우리 친구 본래는 맑았었지
　　들쑤신 망상들의 실체는 알면서도
　　인연에 나타난 것은 뿌리 없는 형체요

　　하늘의 구름 티끌 바다의 포말처럼
　　모였다 흩어지는 우리네 인생이지
　　하늘은 먹물로 입혀 바닷물도 검붉다

　　티끌에 집착하면 스스로 괴로운 것
　　마음속 집을 지어 불덩이 안고 살지
　　여보게 그 지옥 따로 없다는 것 알겠네

　　　　　　　　　　　　　　－「친구여」전문

　　흐르는 물살 두 번 발 담글 수는 없는
　　한 벌 옷 이와 같은 처지임을 알아차려
　　집착은 집착을 낳고 그 집착에 무너진다

　　거울 앞 비친 모습 자신이 아닌 것을
　　천지의 사물 또한 모든 것이 변할진대
　　만 리 밖 뜬구름 소식 잡으려고 헤멘다

　　세월은 오는 것도 간 것도 아닌 것을
　　연꽃은 뻘물 밭의 진흙에 피어나듯

인생도 삶의 고통은 피기 위한 꽃이다
- 「집착을 놓아라」 전문

　위 두 편의 3수로 된 시조는 인간의 집착에 대한 문제를 회화하고 있다. 스스로 조작하는 집착은 마음 작용의 본질적 성질이다. 일반적으로 무언가를 향한 욕구 혹은 무언가를 가지려는 소유욕이 이에 해당 된다. 소유욕은 실체가 없는데도 불구하고 '내 것'이라고 여기며 그 마음에 집착하는 행위이다. 집착이 커질수록 그것을 이루고자 하는 강한 욕망이 생겨나며 그 생각에 사로잡혀 빠져나오지 못한 지경에 이르게 된다.
　그것은 「친구여」에서 1수 중장에서 "들쑤신 망상들의 실체"로 집착을 드러내면서 "인연에 나타난 것은 뿌리 없는 형체"라는 점을 강조한다. 이 같은 뿌리 없는 실체로서의 형상을 2수에서는 '하늘의 구름'과 '티끌' 그리고 '바다의 포말'처럼 "모였다 흩어지는" 것이며 그것이 "우리네 인생"으로 귀결시키고 있다. 마지막 수에서 바로 집착은 "티끌에 집착하면 스스로 괴로운 것"이라는 메시지를 남기면서 "마음속 집을 지어 불덩이 안고" 살아가는 '지옥'이라는 사실이다.
　이 같은 집착은 「집착을 놓아라」에서 인생은 '한 벌 옷' 같이 한 생에 한 번 입는 선물이라는 것을 감안할 때 지혜롭게 살기를 바란다. 이를테면 첫수에서 '흐르는 물살 두 번 발 담글 수는 없다'는 모든 것은 끊임없이 변하고 변화하는 것이, 자연의 법칙이다. 자연에 대한 변화의 불변성을 통해 '집착은 집착을 낳고 그 집착에 무너지는' 것을 경계한다. 말하자면 둘째 수에서 집착은 "거울 앞 비친 모습 자신이 아닌 것"처럼 실체하지 않는 것에 대한 허상일 뿐이다. 그렇다면 "천지의 사물 또한 모든 것이 변할진대" 3수에서 그것을 알면 "인생도 삶의 고통은 피기 위한 꽃이" 되는 것에 있다.

'내 것'이라는 집착을 버리고 고통 또한 '꽃'이라고 여길 때 "눈앞에 부딪치는 현실의 불안감 속"(「푸른 바다를 보며」)이지만 "푸른 잎/차 나무는/추운 겨울 견뎌"(「차(茶)의 뿌리」) "초당에는/녹향 가득 향기"를 피울 수 있다. 인생이라는 고해의 바다에서 그것을 피어 올린 사람은「만다라曼茶羅」와 같이 "고해苦海의 하늘아래 꽃중에 꽃이라면/마음속 씨앗 갖춘 불성佛性의 인人 꽃"으로 환원된다. 부처의 표상을 가진 '불성의 사람 꽃'은「마음 챙김」에서 "서로의 옳고 그름 분별심 벗어" 났을 때 비롯되는데 이를테면 "마음의 평안보다 행복한 일상 없고/어렵고 미묘한 것 지혜를 갖춘 것은/심성을 잘 다스리면 안락함을 얻는다"라는 의미로 쓰인다.

4.

보우에게 시조는 자연을 정련하여 불교적 사유를 부여하면서 새로운 생태적 의미를 발견하게 만든다. 그가 궁

극적으로 다가서는 생태적 의미는 모든 존재에 대한 일원론적 생명성이다. 그것은 우주에 가득 차 있는 개체들의 총체를 자연과 세계라는 심층적 생태에서 발견하고 있다. 심층적 생태는 인간을 가치 중심에 세우는 것이 아니라 자연을 가치 중심에서 살피는 것이다.

그것은 "호숫가 맑은 물을 앉아서 바라보니"(「호숫가에서」) "수면에 비친 하늘 흰 구름 떠가는데" 인간은 자연에 비춘 하나의 모습이며 수면에 비친 흰 구름처럼 자연에서 흘러와 자연으로 떠가는 존재일 뿐이다. 그러므로 생태에서 존재하는 모든 생명체의 본성은 본래 통일된 것이기 때문에 그는 「산사에 사는 맛」이 "자신을 등불 삼아 스승은 일러주"는 것으로서 자연을 스승으로 삼고 있다. 인간도 자연처럼 "가끔씩 외롭기로는 누운 산과 닮았"다고 하는 그의 생태 시편은 심층적으로 다양한 생명체를 인정하고 생명의 번영을 추구한다.

       봄날은 아직 멀리 소식조차 없는데도
       설산의 얼음 새 꽃 꿈틀대며 뿌리내려
       흙 속엔 새순의 소리 하늘가를 나른다

       어렵게 샛노란 꽃눈 부시는 만남이여
       그 추운 전령으로 이 터전을 밟고 서서
       이 천지 희망의 등불 높이 달려 있구나

                            -「설화 꽃」 전문

이 시집의 표제작인「설화 꽃」은 보우의 첫 시조집으로서 "그 추운 눈 속에서도 격랑을 이겨내듯이 꽃이 핀" 흔적이라고「시인에 말」에 적고 있다. 두 수로 된 이 시는 불교적 생태를 관류하는 '연기적 생명'이 전제된다. 연기적 생명은 첫수에서 장차 깨어나는 새순에 대한 생태적 담론으로서 오래된 미래의 관점에서 소환되는 것이 시적 특징이다. 두 번째 수에서는 자연에서 견인해온 생명을 우주의 근원성으로 확대시킨다. 이는 리좀이 보여주는 자연적 연결망으로 생명이 번져나갈 수 있는 '번짐'과 '엉킴'에 대한 생태적 형상을 지지한다.

먼저 "봄날은 아직 멀리 소식조차 없는데도" 땅속에는 눈에 보이지 않는 생명이 "설산의 얼음 새 꽃 꿈틀대며 뿌리내려"가며 발아하고 있다. 만일 설산이라는 암흑 속에서 '새'처럼 '꽃'처럼 생겨날 날개와 향기를 품지 않았다면 "흙 속엔 새순의 소리 하늘가를" 오르지 못한다. 그렇지만 이것은 마음과 같이 실체가 없는 데 없는 것을 있는 것으로, 표상하기 위한 '아직—없음'의 '지금—있음'이 된다. 또한 리좀과 같이 새순은 땅속의 '번짐'과 세계의 '엉킴'에 의한 생태적 생명성을 파고들면서 우주에서 깨어나고 있는 것이다.

이 같은 '설화 꽃'은 대자연의 심층적인 생명력을 가진 존재로서 상호 연결되며 인과론으로 우주 안에 고립된 존재는 없다는 것을 현시한다. 화자와 "어렵게 샛노란 꽃눈 부시는 만남"은 고통을 견뎌낸 새순이 원인으로서 꽃눈은 결과가 된다. 그렇지만 여기서 인과론에서 화자와의 만남은 또 다른 결과의 원인으로 작용하면서 심층적인 의미를 분화시킨다. 흙 속에서 생명을 일궈낸 새순이 "그 추운 전령으로 이 터전을 밟고 서서" 용기를 전도하고 있다. 거기에 작은 꽃잎은 "이 천지 희망의 등불 높이 달려" 있는 심층적 생태를 보여주며 인과에 의한 상호의존적 생명력이 구현된다.

이같이 보우 시인의 시편들은 연기하는 인연이 여럿으로 구성된 하나를 의미하고 있다는 것을 생태적인 관점에서 집중적으로 묘사한다. 그것은 불교적 사유를 심층적 생태를 통해 복원하고자 하는 시적 의도가 분명하게 실려 있다. 그의 심층적 생태는 자연뿐만 아니라 시대와 역사 그리고 존재들의 평등과 자유에 대한 깨달음을 가시적이고, 비가시적으로 보여준다. 거기서 『설화 꽃』 전편에 내재 된 것은, 인과론의 미학을 중심으로 우주가 일원적 유기체라는 점을 강조한다.